PRESENTADO A

To:
From:

El Espíritu Sin Fronteras

Una Asociación de Cristianos para la Auto-Publicación

Robin Bremer

El Espíritu sin Fronteras

Una Asociación de Cristianos para la Auto-Publicación

(Este libro no fue producido por Amazon y no tengo conexión alguna con ellos o sus afiliados)

Dedicatoria

Este libro es dedicado a la libertad del Espíritu Santo. Rezo por todos aquellos cristianos que tengan un testimonio, enseñanza, regalo, llamado y talento que utilicen este libro para liberar a otros y demostrar el poder y la bondad de Dios.

Contents

¡Felicidades por escribir su libro! Deseo que la auto-publicación sea sencilla para usted por medio de imágenes y gráficas. Yo auto-publiqué mi primer libro por $1,500. Luego fui bendecida cuando una editorial lo tomó y lo publicó. Sin embargo, la editorial luego cerró sus puertas, pero no sin antes enseñarme cómo utilizar Amazon (Createspace) para auto-publicar mis próximos libros. Lea este libro completo antes de comenzar, para así determinar cuándo pueda sacarle mayor provecho dependiendo de cómo va su proyecto.

Mi propósito al escribir este libro es que sus regalos, llamados, talentos y testimonios puedan ser compartidos por medio de un libro. He intentado que este libro sea sencillo de comprender para lograr que se le haga muy fácil salir hacia delante.

Algunas cosas que debería saber.

Debe permitir que varias personas cercanas a usted lean su manuscrito tan pronto como sea posible y se encuentre editado para que **tengan tiempo de leerlo** (para un libro de 100 páginas, varios meses de trabajo es suficiente) y den sus **endosos,** los cuales puede publicar en su libro y utilizarlos para otros propósitos de publicidad. FAVOR de enviarles un recordatorio para que lean el libro y una FECHA en la que usted espera recibir sus endosos.

<u>Para simplificar las cosas, revise sus proyectos a medida que los vaya produciendo</u>

La **cantidad MÍNIMA de páginas** que Createspace publica **es 24**. Así que asegúrese de que su Proyecto tiene por lo menos esa cantidad de páginas. Si tiene menos, PUEDE publicarlo como un libro electrónico (e-book) gratis en <u>http://www.Smashwords.com</u> y regalarlo o venderlo.

O en <u>https://kdp.amazon.com/self-publishing</u>

Luego de FINALIZAR la parte principal de su libro, o cuando esté a punto de acabar, puede hacer las siguientes cosas.

1. _____ Cree una carpeta en su ordenador para guardar la información de su libro y así lograr de que sea más accesible. ¡Sugiero que la llame "MiLibro" para que sea fácil de RECORDAR!

Organize ▼	Share with ▼	Burn	Compatibility files	New folder			
		Name		Date modified	Type	Size
▲ ☆ Favorites						
Downloads		000 A Book videos how to		3/13/2014 8:23 AM	File folder	
Recent Places		01 all my LINKS		4/23/2014 4:25 PM	File folder	
Desktop		1 min videos		3/27/2014 5:02 PM	File folder	
Dropbox		2 Bill Johnson		3/17/2014 8:53 AM	File folder	
		2014 ConVENTion		1/30/2014 4:57 PM	File folder	
▲ 📚 Libraries		2014 SHOW		3/11/2014 2:03 PM	File folder	
▷ 📄 Documents		A 2014 Buss Cards		4/10/2014 8:23 PM	File folder	
▷ 🎵 Music		A My ALL Books		4/23/2014 4:29 PM	File folder	
▷ 🖼 Pictures		a PRISION letter		3/19/2014 10:20 PM	File folder	
▷ 🎬 Videos		a SHOW Stuff		4/22/2014 9:10 PM	File folder	
		ACE		11/19/2013 11:34 ...	File folder	

a. Aquí va a guardar los endosos a medida que vayan llegando.

b. Aquí va a guardar las versiones editadas de su libro.

c. Aquí va a guardar su plantilla de trabajo.

d. Aquí va a guardar la portada su libro.

e. Las fotos del autor también serán guardadas aquí.

2. _____ Cree un nuevo "documento Word" (también puede utilizar Wordpad o Note) en **su ordenador** en el cual copiará toda la información. Sugiero que lo llame "Info_de_mi_libro".doc

a. Aquí copiará los enlaces, el número de ISBN, Títulos, Sub-títulos, información de la contra portada y MUCHO más.

b. A CONTINUACIÓN, EJEMPLOS DE LO QUE DEBERÍA GUARDAR EN SU NUEVO ARCHIVO

My Book Information *(all in one place so that I can copy it and paste it when I need it)*

Title: My title goes here
Subtitle: My subtitle goes here
Page number: 28
Book size: 6x9
Legal stuff:

Page 1

My Author picture

page 2

My ISBN:
ISBN-13: 978---4878764 (sample only)
ISBN-10: 14---78763

About the author: ABOUT THE AUTHOR
Robin Bremer is an ordained minister, who has appeared on the Tom Leding TV show "In God Your Will Succeed", and several radio shows. She is also a Comic Ventriloquist Motivational Speaker sharing "Keys to Working the Kingdom System". Her calling is to bring God's presence and Supernatural Power through the message of the KINGDOM of JOY and to set people free from a godless religion of "doing and works" into a personal, SUPERNATURAL relationship with Jesus Christ. Follow Robins' blog http://www.robinbremer.net contact Robin for guest appearances on TV, radio or for speaking engagements at RobinBremer@sbcglobal.net.

ADD YOUR PHONE IS WANTED
Rt 2 Box 1936
Checotah, OK 74426

page 3

Other Books by Robin Bremer
Kingdom Living Series Vo. 1-3
Kingdom Living Bible Study Course Vol. 1-3
Pocket Study Guides Vol.1
80 Fact & Answers about Angles
Many e-Books
Dear Friend,
I pray as you read this book your life is changed!
P.S. Make sure you check out my blog:
www.RobinBremer.net
RobinBremer@sbcglobal.net.

5 key words
Christian, end times, family, kids, peace (sample
only)

My links to go in the back of the book.

http://facebook.com/feedmypeoplejoy
http://www.youtube.com/user/feedmypeoplejoy
http://www.twitter.com/feedmypeoplejoy
http://pinterest.com/robinbremer

1. http://www.createspace.com

3. _____**Haga una cuenta** en http://www.createspace.com

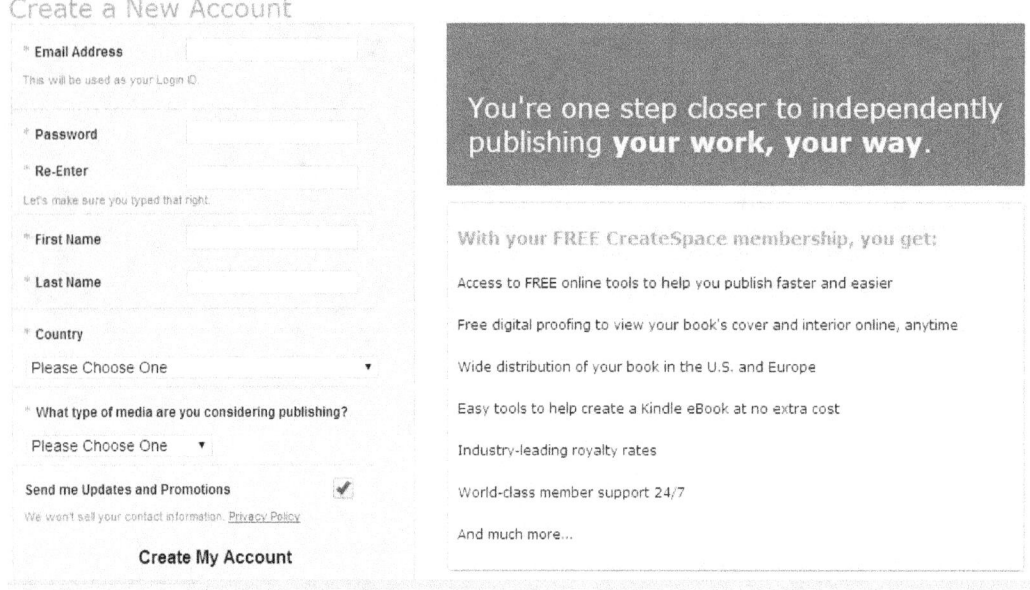

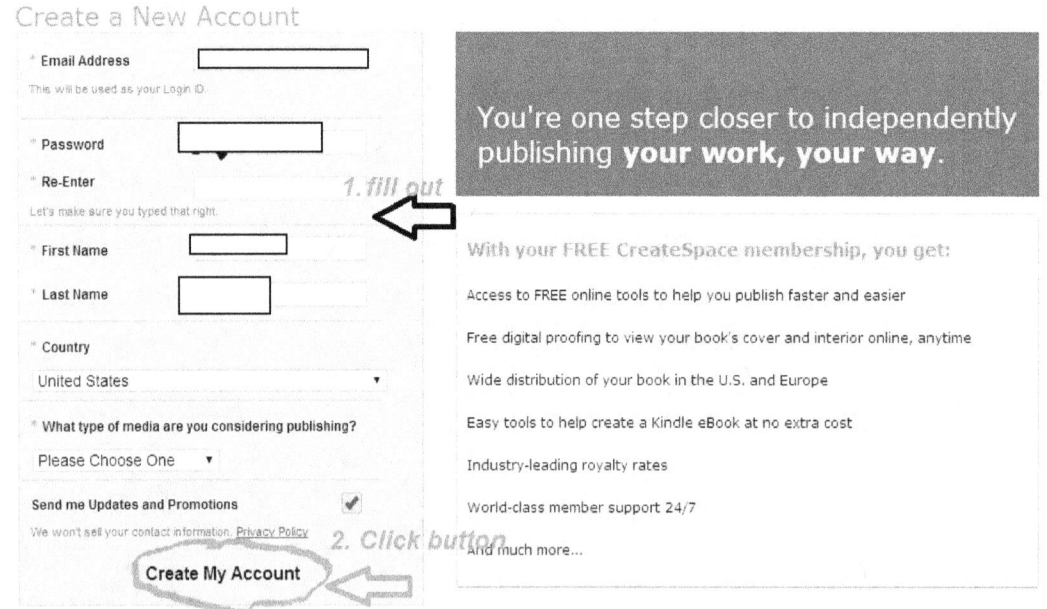

Vaya a su buzón de correo electrónico y abra el correo de Bienvenida de "CreateSpace" y presione el enlace de confirmación. En lugar de mostrar la imagen abajo, MOSTRARÁ su panel principal.

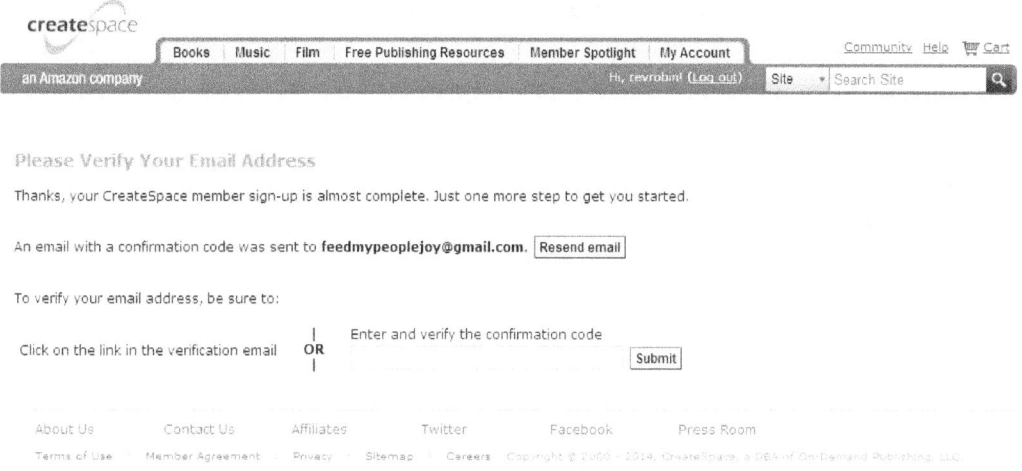

Terminará aquí.

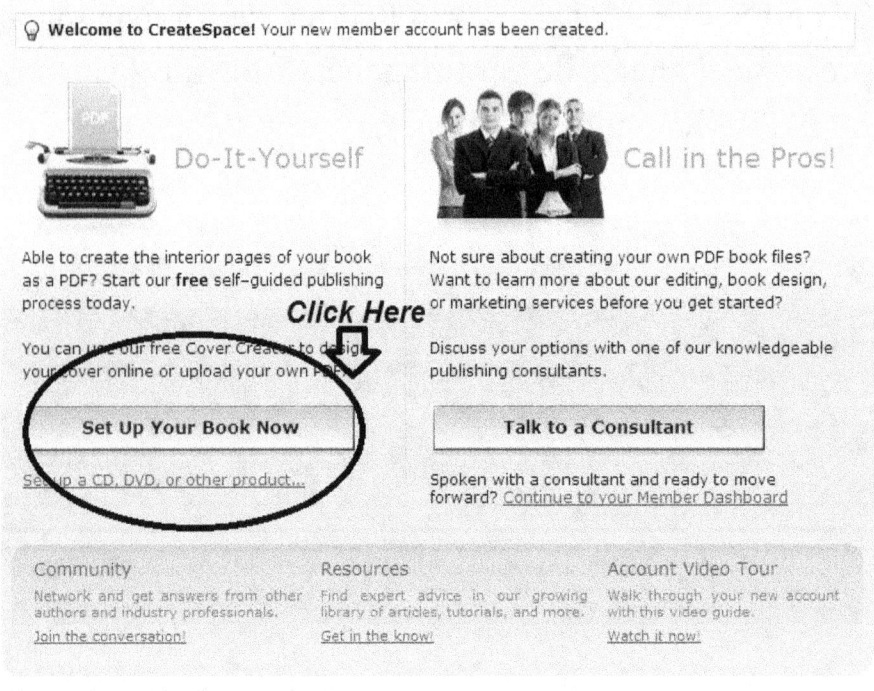

a. Cree un título (lo puede cambiar más tarde).

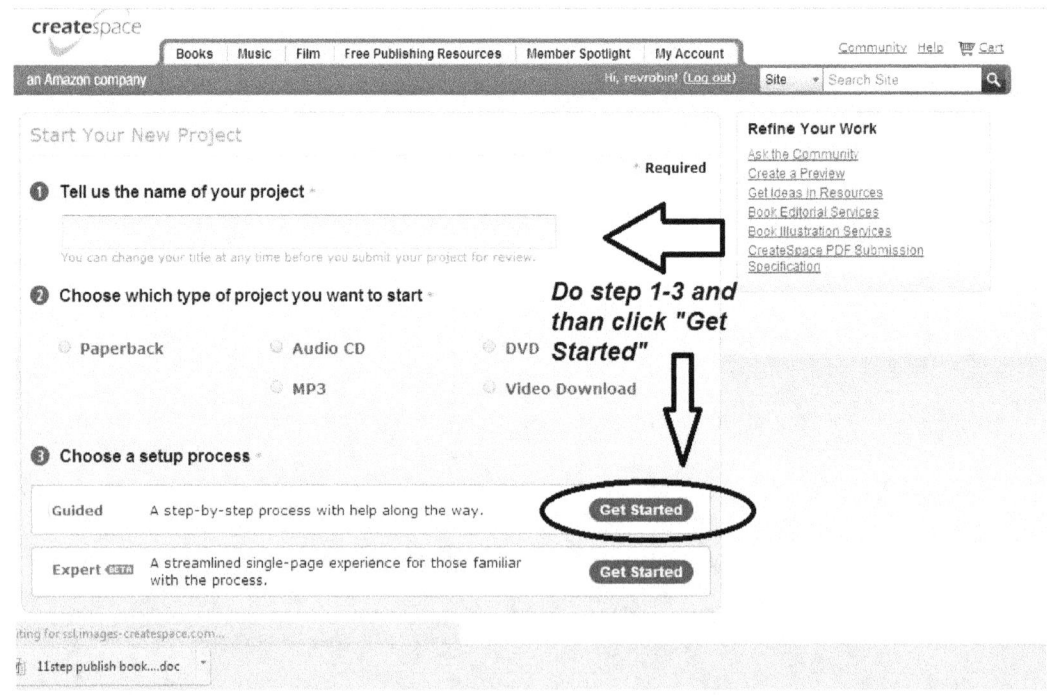

b. Suministre la información que se le pide y haga clic en el botón azul que dice "Save & Continue" ("Guardar y Continuar") al fondo de la página.

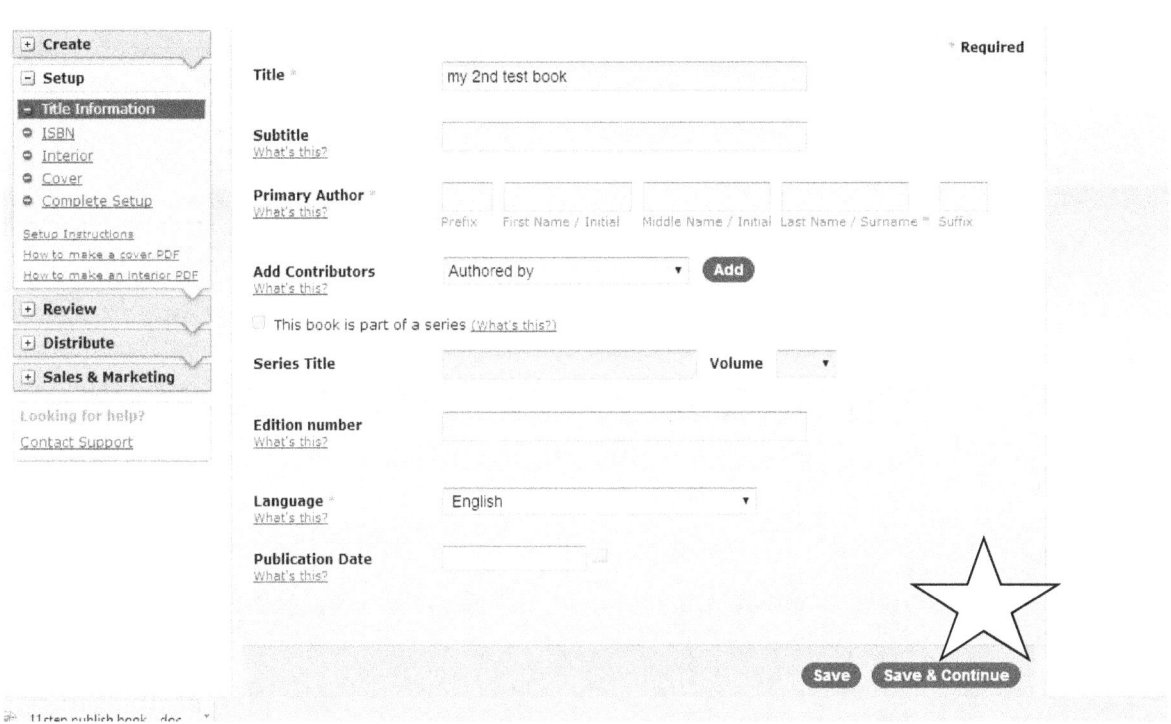

c. Debajo de "Choose an ISBN option for your Book" ("Seleccionar una opción de ISBN para su libro") – justo debajo de la mitad de la página) – haga clic en "Free CreateSpace-Assigned ISBN." (ISBN gratuito de CreateSpace).

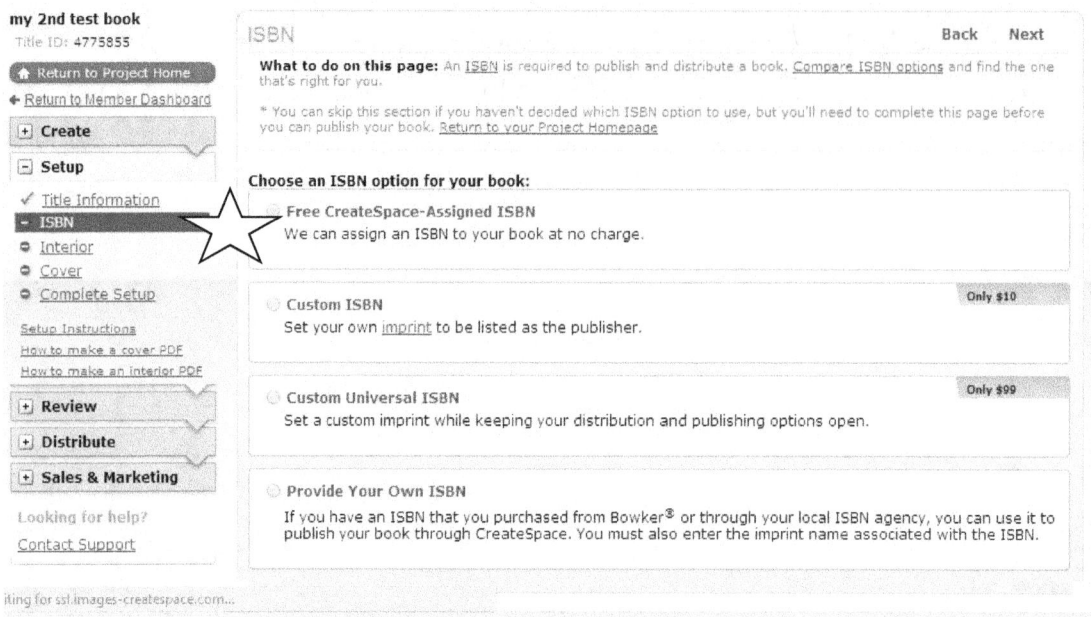

Haga clic en "Assign Free ISBN" ("Asignar un ISBN gratuito") en la esquina inferior derecha (el botón azul oscuro).

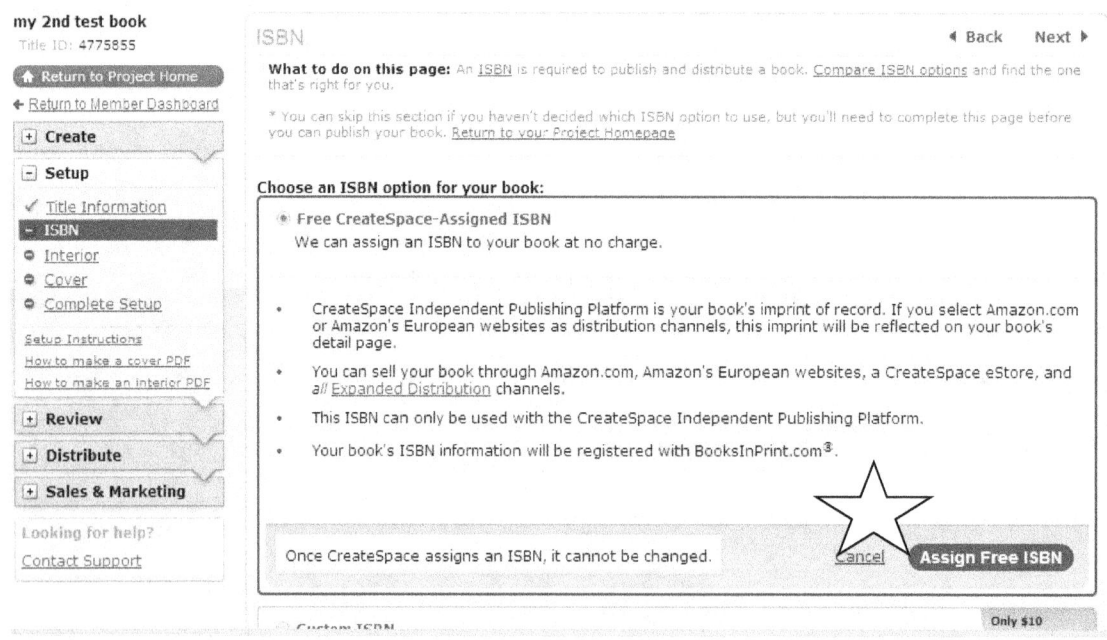

COPIE AMBOS NÚMEROS ISBN

1. Escoja tipo de interior (a color o blanco y negro)

2. Escoja color de página (crema o blanco)

3. Utilice el tamaño de libro por defecto o elija uno nuevo. Si selecciona "Choose a different size" ("Escoger un tamaño diferente") será enviado a la página para seleccionar el tamaño como se demuestra en la segunda imagen abajo.

Se abrirá esta página. **Seleccione el tamaño que desee para el libro**.

Black & White Trim Sizes

close ⊠

Most Popular Trim Sizes

5" x 8"
12.7 x 20.32 cm

5.25" x 8"
13.34 x 20.32 cm

5.5" x 8.5"
13.97 x 21.59 cm

6" x 9"
15.24 x 22.86 cm

More Industry-Standard Choices

5.06" x 7.81"
12.85 x 19.84 cm

6.14" x 9.21"
15.6 x 23.39 cm

6.69" x 9.61"
16.99 x 24.41 cm

7" x 10"
17.78 x 25.4 cm

7.44" x 9.69"
18.9 x 24.61 cm

7.5" x 9.25"
19.05 x 23.5 cm

8" x 10"
20.32 x 25.4 cm

8.5" x 11"
21.59 x 27.94 cm

 Compare all sizes to **8.5" x 11"** (PDF, 363k)

More Sizes

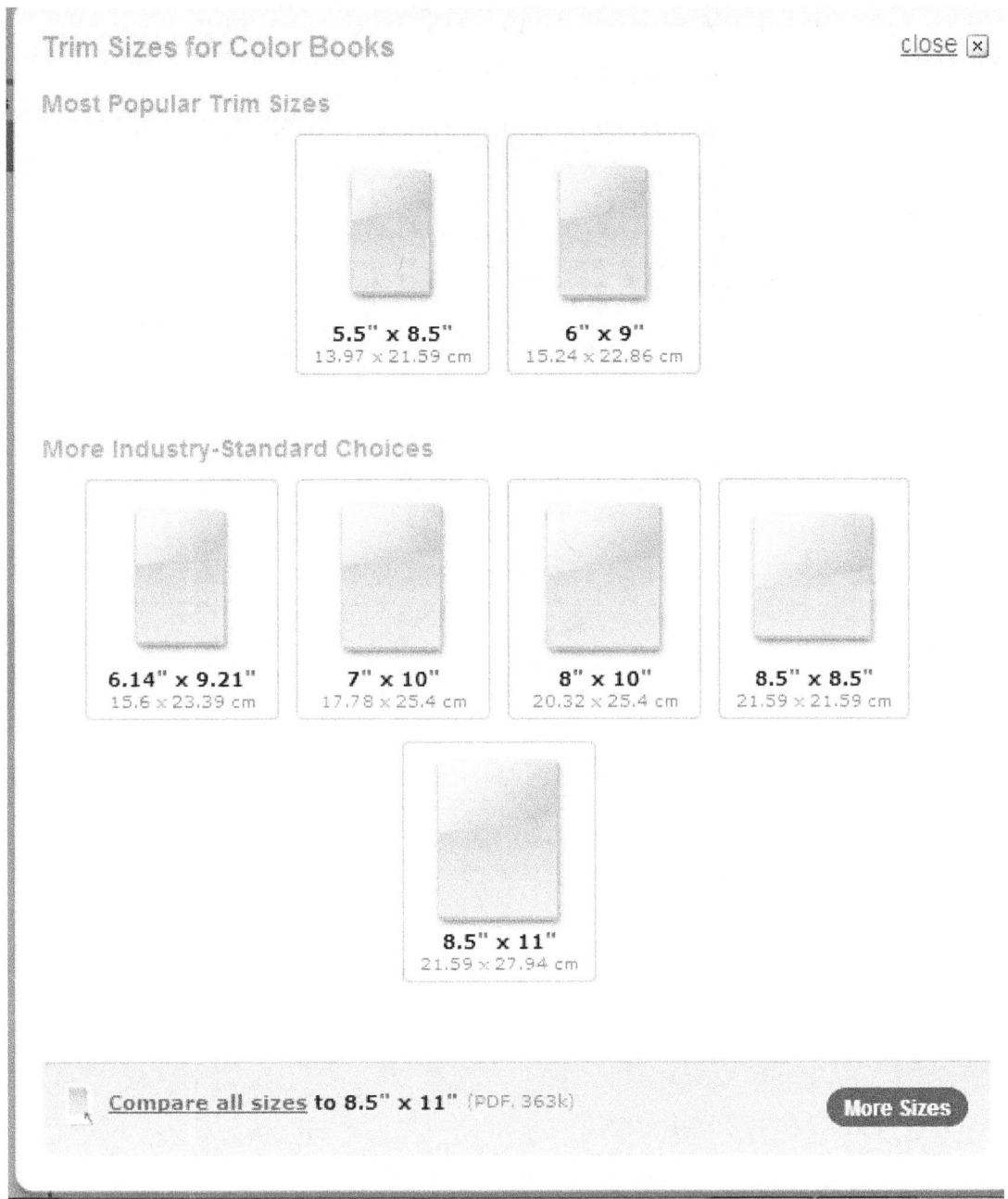

Seleccione el tamaño que desea para su libro. Si el libro tiene pocas páginas, el tamaño no debería ser muy grande. La página saldrá como sigue:

Bajo "Download a Word Template" ("Descargar una plantilla de Word"), haga clic en "Formatted Template" ("Plantilla formateada") para descargar la plantilla en el tamaño deseado.

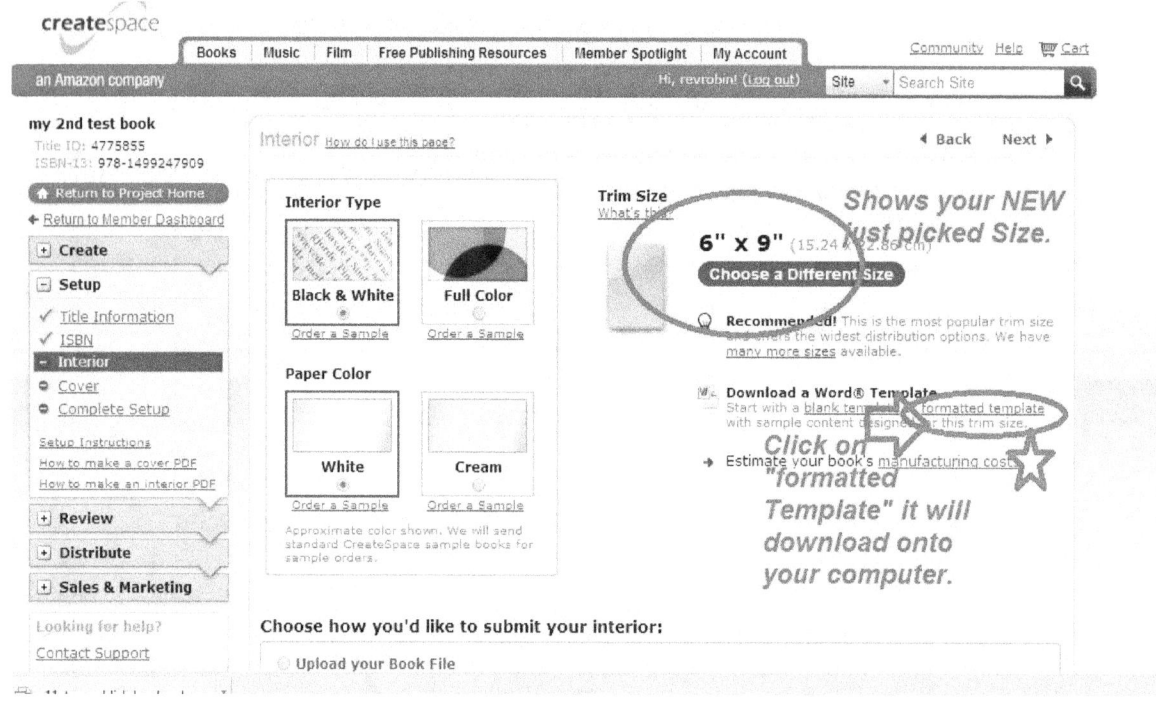

_____**Descargar una plantilla para su tamaño de libro.**

_____Guarde su plantilla formateada en la carpeta "MiLibro".

4. _____Haga una cuenta en

a. http://www.fiverr.com (SI quiere pagar $15.00 para que alguien diseñe su portada, lomo y contraportada). También puede utilizar el diseñador de Createspace para crear la portada.

5. _____Diseñe la **PORTADA DE SU LIBRO**

a. Elija a alguien en http://www.fiverr.com ($15.00) para que haga la portada. (Esto puede tomar desde 3 días a 2 semanas)

b. O seleccione a alguien en http://www.Elance.com

c. Debe suministrar la siguiente información a la persona encargada de diseñar su portada:

- _____ Información del autor
- _____ Una imagen del autor
- _____ Información de la contraportada
- _____ Tamaño del libro
- _____ Cantidad aproximada de páginas (es sumamente importante que en la versión final el número de páginas esté cerca de esa cantidad).

- _____ **EDITE el archivo** de su libro en:
- http://www.fiverr.com
- http://www.Elance.com (precios más altos)
  - encuentre a 3 amigos que lo editen por usted.
- Verifique la ortografía, la narrativa, la estructura de las oraciones y la puntuación.

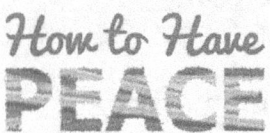

-

7. _____Diseñe la portada de su libro electrónico utilizando Paint (un programa gratuito y fácil de usar). Puede utilizar la misma portada de su libro impreso. Asegúrese de tener el tamaño que se exige. Esta será la portada para Kindle que usted utilizará **luego de publicar su libro en Createspace**.

    a. O páguele a alguien en http://www.fiverr.com

Portadas para Kindle

Para un libro electrónico, la portada que se utiliza es la del frente únicamente y puede ser la misma que su libro impreso.

ORGANIZACIÓN DE SU LIBRO

Esta es solo una de las muchas maneras de organizar su libro.

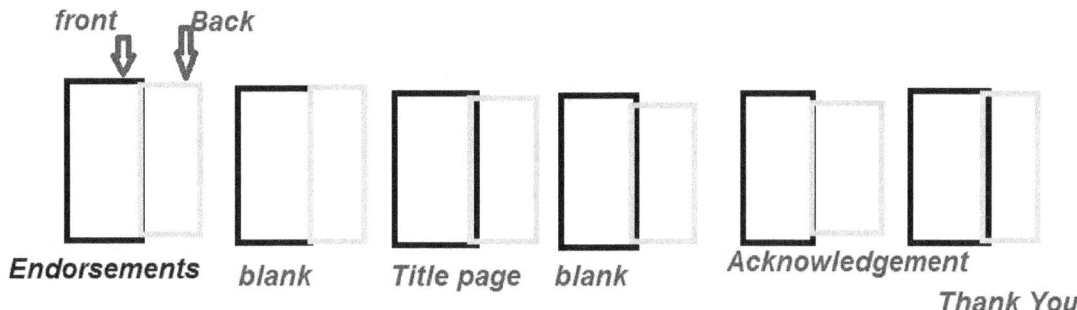

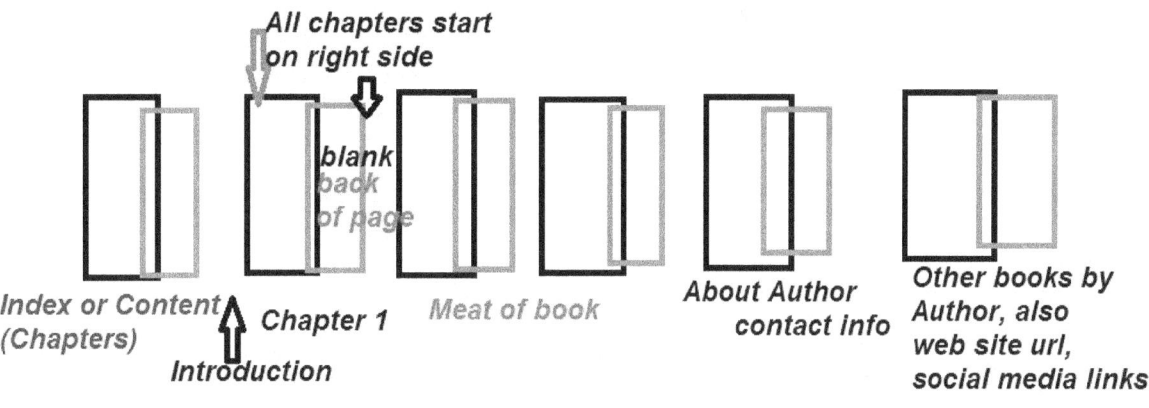

Copie la información que se encuentra en el documento "info_de_mi_libro" doc, o en la carpeta que le sugerí que grabara la información. Utilice la imagen arriba para diseñar su libro.

a. _____Copie los endosos en su libro

b. _____ Copie el ISBN en el lugar correcto (en la página del título).

c. _____ Añada las secciones de "Agradecimientos", "Reconocimientos" y "Menciones especiales"

d. _____ Añada la información legal de derechos de autor para las Escrituras bíblicas (si se trata de un libro cristiano).

e. _____ Añada otro tipo de contenido legal en las primeras páginas (además del contenido que se ubica al final del libro como: "Sobre el autor", "Mis otros libros", "Si le gustó el contenido añádanos en FaceBook", etc.)

f. _____Añada la información sobre "Síganos" e incluya enlaces a Facebook, su página web, Linkedin, Twitter, MySpace, Youtube.

8. PUBLIQUE SU LIBRO IMPRESO aquí

a. https://www.createspace.com

b. _____ **Cree o edite el título en el panel del usuario.** Al crear el título usted recibirá su número de ISBN. Asegúrese de que su número de ISBN sea copiado en la página del título – puede copiarlo desde su archivo Word.

c. _____ Convierta su archivo Word a PDF y suba el archivo.

d. _____ Suba las cubiertas como un archivo PDF.

e. _____ Escriba una corta descripción (guárdela en su documento Word hasta que esté listo(a) para copiarla).

f. _____ Piense en el género de su libro, es decir: Religioso, Cocina, etc.

g. _____ Elija 5 palabras claves.

h. _____ Siga las direcciones hasta finalizar.

Luego de que se apruebe y se acepte el libro, ellos copiarán los archivos y los convertirán en una versión de Kindle. Luego usted podrá descargarlo y guardarlo en su ordenador. Si ha terminado, aparecerá un mensaje de "Publicar en Kindle". Haga clic en ese botón y transferirán su información, portada e interior a Kindle.

o

Vaya a KINDLE:

Vaya a: https://kdp.amazon.com/

Haga una cuenta

Vaya a la biblioteca y someta el título

Siga las direcciones

Promocione su libro copiando el enlace (no su enlace personal) en todos los medios sociales.

9. _____ Cree una "Página del Autor" en Amazon

10. _____ Cree una tienda de Amazon en su blog.

Robinbremer@sbcglobal.net

www.robinbremer.net

¿Si usted muriera hoy, sabe hacia dónde iría? Dios envió a Su Hijo Jesús a morir por usted. Él pagó el precio por todos sus pecados del pasado, presente y futuro. Él pagó el precio para que usted pudiera tener paz, salud, riquezas, poder y una buena relación con Él. Repita conmigo: Dios Padre, Yo acepto a Jesús en agradecimiento por Su sacrificio, sé mi Señor, muéstrame cuánto me amas y muéstrame aquello por lo que Jesús se sacrificó. En el nombre de Jesús, Amén.

SOBRE EL AUTOR

Robin Bremen es una ministra ordenada que ha aparecido en el programa nacional de Tom Leding "With God You Will Succeed" ("Con Dios triunfarás") y varios programas de radio. Su llamado es a traer la presencia de Dios y su poder sobrenatural por medio del mensaje del REINO DE LA ALEGRÍA y de tal forma liberar a las personas que viven sin Dios e introducirlas a una relación SOBRENATURAL y personal con Jesucristo. Robin además es una mentora de auto-publicación, enseñando a otros a publicar y promover sus libros.

Siga el blog de Robin en http: //www.robinbremer.net. Usted puede ponerse en contacto con Robin escribiendo a RobinBremer@sbcglobal.net

What customers are saying about Robin....

Robin,

I want to thank you, so very much for working with me, to help me in all that I needed to get my book published. End-times made plan through Revelation and the Apocalypse By Jeanie Morrow The cover was excellent as well as the way the book was compiled, put together. I appricate the advice on how to get my book promoted and you even offered to send it to your friends, to help me. You were certainly God sent, as I prayed for the right person to help get my book published, and it was you. I look forward to working with you again. God bless and uphold you, as you continue in helping other authors, who need a helping help to get started.

Always your friend. Jeanie Morrow

"I have to say Robin is a professional in every way when it comes to publishing your book. I totally recommend Robin Bremer for your next book. She knows the business and she'll treat you fair and be very honest with you".

Sincerely,
Wilma Swartz

Robin was so great in dealing with me, a sixty-seven year old computer illiterate. She is really good to work with and very patient. She does a great job and is always accessible when help is needed. Robin is very knowledgeable in the process of getting a book printed. If I were to rate her I would give her a five star. Anyone wanting to print his or her book would be smart to employ her to do so.

Wilma Lynch

Robin Bremer Self-Publishing Coach

www.PublishForMe.com

SPANISH OR ENGLISH ARE PUBLISHED

Medios sociales de Robin

http://facebook.com/feedmypeoplejoy
http://www.youtube.com/user/feedmypeoplejoy
http://www.twitter.com/feedmypeoplejoy
http://pinterest.com/robinbremer
http://www.linkedin.com/in/robinbremer/

Página en Amazon

http://www.amazon.com/author/robinbremer

Otros libros por Robin Bremer –In English

2016
Word Seeds
Semillas de la palabra

Finding You Idenity in the Armor
Encontrando su identidad en la armadura

You are a Spirit, You Live in a Body & You Have a Soul
Usted es un Espíritu que vive en un cuerpo y tiene Alma

Kingdom Living Series Vo. 1-3
•   The Joy of Kingdom Driven Living
•   Kingdom Justice & Liberty for All
•   Pursuing the Kingdom Mandate

La serie del "Reino vivo": volúmenes 1-3
• La alegría del Reino me conduce
• Justicia del Reino y Libertad para todos
• Siguiendo el Mandato del Reino

Kingdom Living Bible Study Course Vol. 1-3
•   Change Me Lord
•   Take Me Deeper Lord
•   Use Me Lord

Curso bíblico del Reino vivo: volúmenes 1-3
• Cámbiame Señor
• Llévame a lo más profundo Señor

- Utilízame Señor

Pocket Study Guides Vol.1
- Kingdom Confessions

Guías de estudio para bolsillo Volumen 1
- Confesiones del Reino

The Kingdom Joy Series
- Supernatural Witnessing Made Easy
- Joy, the Wine of Heaven
- Taking Authority, Dominion & Subdue
- Taking Healing: Your Legal Right to Health & Healing
- Hindrances to Receiving Your Healing
- God of Abundance, Overflow & Extravagance

Serie de "La Alegría del Reino"
- Ser testigo del poder sobrenatural fácilmente
- Alegría, el vino del cielo
- Tomando autoridad, Dominio y Sometimiento
- Curación: Sus derechos legales de Salud y Curación
- Obstáculos a la hora de recibir su Curación
- Dios de abundancia, desbordamiento y extravagancia

Other Books
80 Fact & Answers about Angels
Use Your Words
42 Hints for a Fun & Successful Convention
How to Have Peace Anywhere Anytime
Prayer, Partnering With the Holy Spirit
Upside Down Love The Unfair Truth About Grace

Otros libros

80 hechos y respuestas sobre los ángeles
Utilice sus palabras
42 pistas para una convención exitosa y divertida
Cómo tener paz en cualquier lugar y momento
Oración, unión con el Espíritu Santo
Amor al revés La realidad injusta de la Gracia

Children's Books
Ribbons the Clown Coloring Book
Para niños
Lacitos el payaso. Libro de colorear

Kingdom Kids Series
Praise Party
Kids' Prayer Power

Serie "Niños del Reino"
Fiesta de Alabanza
El poder de la oración de los niños

Kingdom Kids Coloring Book Series Praise Coloring book
Serie de libros de alabanza para colorear Niños del Reino

Audio Books
The Joy of Kingdom Driven Living
Pursuing the Kingdom Mandate

En audio
La alegría del Reino me conduce
Siguiendo el Mandato del Reino

Many e-Books
Muchos libros digitales

Dear Pastor & Friends,

I pray as you "do" this book your life is changed! I speak life to your book, it will succeed, it will be promoted and it will bless people's lives. You book IS a blessing and everything you set your hands to do will prosper you.

Querido Pastor y Amigos,
¡Yo rezo mientras usted hace este libro y su vida ha cambiado! Yo le doy vida a su libro, tendrá mucho éxito, será promovido y bendecirá las vidas de las personas. Su libro ES una bendición y todo lo que sus manos toquen prosperará.

Por último, no olvide visitar mi blog:
www.RobinBremer.net
Lea mis libros y deje un comentario.
Contacto: RobinBremer@sbcglobal.net.

www.ingramcontent.com/pod-product-compliance
Lightning Source LLC
Chambersburg PA
CBHW081537280526
45788CB00010B/3269